AF197635

d

ZURÜCK ZUR NATUR
MIT
LORIOT

DIOGENES

Herausgegeben von Susanne von Bülow, Peter Geyer, O A Krimmel
Buchgestaltung: i_d buero
Barcodegestaltung: Katharina Seebacher/Our Art Is Ltd.
Alle Rechte vorbehalten
Copyright © 2017
Diogenes Verlag AG Zürich
www.diogenes.ch
10/24/68/6
ISBN 978 3 257 02144 8

TIPPS FÜR KLEINGÄRTNER 6

UMGANG MIT MAULWÜRFEN 26

WIE ÜBERWINTERE ICH MEINE GARTENZWERGE 32

FÜR DEN FALL,
DASS SIE EINE GARTENPARTY GEBEN WOLLEN 40

ERDÖL AUF EIGENER SCHOLLE 46

PICKNICK IM FREIEN 52

FÜR DEN FALL,
DASS SIE IM FREIEN BADEN WOLLEN 62

LIEBE IM FREIEN 68

WETTERBERICHT 74

AUF DER JAGD 80

ZU PFERDE 104

DIE MISSGLÜCKTE LANDPARTIE 118

TIPPS FÜR
KLEINGÄRTNER

»Allein schon wegen der Radieschenernte hat sich
die Anschaffung gelohnt.«

»Wie oft soll ich dir noch sagen: Papier gehört nicht
auf den Komposthaufen!«

»… es ist wegen des Mittels gegen Blattläuse, das ich gestern
bei Ihnen gekauft habe …«

»Reiner Humus, Volldünger und schön feucht – pass mal auf,
wie du dich morgen fühlst!«

OHNE MIST

MIT MIST

Dung ist die Seele der Kleingärtnerei. Links ein verstimmter Kleingärtner angesichts deutlicher Misserfolge. Rechts derselbe nach reichlicher Anwendung eines natürlichen Düngemittels.

Kleingärtner auf der Verfolgung eines Engerlings. Liebevolle Pflege der Pflanzenwelt, gepaart mit durchdachter Schädlingsbekämpfung, machen den Kleingärtner zum Sinnbild deutscher Gründlichkeit.

Die Trompete ist eingerollt (A) leicht transportabel, auseinander-
gerollt (B) ein formschöner Helfer kulturfreudiger Kleingarten-
besitzer.

Wohlhabende Kleingärtner neigen zur Haltung von Vieh.
Häufig gefährdet jedoch der beschränkte Auslauf des Tieres
die Lebensarbeit des Blumenfreundes. PFEIL: Das Zierbeet
mit kostbaren Ergebnissen langwieriger Rosenzüchtung.

Ein Kleingärtner und sein Erfolgssystem. Stets hat er fadenfreie Bohnen und anderes hochwertiges Gemüse mühelos und in ausreichender Menge auf dem Tisch.

Durchdachte Einteilung des Grundstückes als Nutzgarten erleichtert die Bodenkultivierung und steigert die Freude an der Bearbeitung eigenen Erdreichs. Die Abbildung zeigt den mehrfach prämierten Mustergarten eines norddeutschen Amateurgärtners.

A. Komposthaufen

B. Misthaufen

C. Kunstdüngerhaufen

D. Torfmullhaufen

E. Laube

F. Nutzfläche (mit Landwirt)

Wachsender Beliebtheit erfreut sich in Kleingartenkreisen
radioaktiver Kunstdünger. Aus der praktischen Streubüchse im
Frühjahr gleichmäßig auf das Grundstück aufgetragen und
leicht einmassiert, lässt er binnen 24 Stunden jedes Gärtnerherz
höher schlagen. Ein württembergisches Ehepaar demonstriert
das Entfernen von Unkraut aus einem prachtvoll entwickelten
Radieschenbeet.

Körperbetonte Gartenbesitzer mit weniger Ehrgeiz auf dem
Gemüsesektor sind zur Abschirmung der privaten Sphäre
vorwiegend an raschem Heckenwachstum interessiert. Unsere
Abbildungen zeigen eine von Anhängern natürlicher Lebens-
form vorbildlich angelegte Fichtenhecke im Anfangsstadium (A)
und nach Erreichen einer aus Gründen der Diskretion
erwünschten Höhe von 2,90 Metern (B).

Die Züchtung neuer, wertvoller Rosenarten erfordert ein
unbestechliches botanisches Schönheitsempfinden.
Rosenzüchter Bert L. (53) vernichtete das Ergebnis jahrelanger
Veredelungsarbeit, als die geöffneten Blüten nicht seinem
Geschmack entsprachen. Auch die Proteste seiner Gattin (RECHTS)
mochten L. nicht umstimmen.

Obstbäume sind gegen Ungeziefer empfindlich. Gezielter Einsatz von Pflanzenschutzmitteln verhindert die Verbreitung von Schädlingen.

Nach Anwendung einer Blockflöte (A) ist Ihr Garten
überraschend schnell von unappetitlichen Nagern befreit (B).

Hier ein erprobtes Mittel bei gleichzeitigem Auftreten von
Blattläusen, Engerlingen, Schnecken, Ameisen, Wühlmäusen,
Milben und Maulwürfen. Ihr Garten wird es Ihnen danken.
Merke: *Radikalkur hilft immer.*

Keine überstürzten Maßnahmen gegen harmlose Schädlinge,
die nur den Schutz Ihres Gärtchens im Auge haben!

UMGANG MIT MAULWÜRFEN

In der Gefangenschaft geborene Maulwürfe sind ihrer ursprüng-
lichen Lebensweise meist völlig entfremdet und werfen nur noch
fehlerhaft oder gar nicht mehr Maul. T. Reychardt, der führende
(west-)deutsche Maulwurfhalter, rät, dem Tier seine natürliche
Wühlfreudigkeit durch persönliches Vorbild wieder anzuerziehen.

Besitzer von Rasenflächen leben zunächst in gespanntem
Verhältnis zu den schmucken Pelztierchen. Maulwurffreund
T. Reychardt (PFEIL) aus München-Harlaching hat die einzig
wirksame Methode zur Zivilisierung derselben ausgearbeitet.
Nach mehrwöchigem Gedankenaustausch auf gleicher Ebene
folgt der Maulwurf seinem neuen Herrchen meist ohne
Widerworte in die Wohnküche. Die Abbildung links zeigt
Herrn Reychardt mit Maulwurf von oben. Rechts dasselbe
im Schnitt.

Auch als Pelztier ist der Maulwurf beliebt. Eine Mannheimer Familie trug sich mit der Absicht, einen Pelzhandel zu gründen, konnte sich jedoch nach wochenlangem Zusammenleben nicht mehr von den Tieren trennen. Sie haben sich seither gut in die häusliche Gemeinschaft eingearbeitet.

Ausreichende Spaziergänge im Freien halten den Maulwurf
und seinen Besitzer elastisch. Asphalt- oder Pflasterstraßen machen
das Tier jedoch mürrisch und ungehorsam. →

Verantwortungsbewusste Maulwurfhalter bevorzugen daher gepflegte öffentliche Anlagen zur regelmäßigen Bewegung ihres Lieblings. Merke: *Auch Maulwürfe anleinen!*

WIE ÜBERWINTERE ICH MEINE GARTENZWERGE

IM FREIEN

Im Schutze kleidsamer Strickgarnituren werden Ihre kleinen Lieblinge
auch bei scharfem Frost immer auf dem Posten bleiben. $\longrightarrow$

Wenn Sie eine Überraschung planen, ist die richtige Passform
mit Hilfe Ihres Gatten (PFEIL) leicht zu ermitteln.

IM KELLER

Vorsicht mit Lebensmitteln: Zur Veranschaulichung zwei Gartenzwerge aus Mülheim (Ruhr) bei achtloser Unterbringung im Kartoffelkeller Oktober 1958 (1) und etwa drei Wochen später (2). ⟶

Merke: *Korpulente Gartenzwerge sind keine Zierde für deutsche Grünanlagen.*

IN DER WOHNUNG

Anfällige oder sehr zarte Gartenzwerge lieben während der
kalten Jahreszeit gleichmäßige Bettwärme.
Merke: *Für lesende Gartenzwerge Licht anlassen!*

FÜR DEN FALL,
DASS SIE
EINE GARTENPARTY
GEBEN WOLLEN

Wichtigste Voraussetzung für das Gelingen der Gartenparty
ist die kurz gehaltene Grünfläche. Auch Ihre Gäste werden die
Vorzüge englischer Rasenpflege zu schätzen wissen.

Wenn die Stimmung zu erlahmen droht, ist es Aufgabe der Gastgeber, durch gut vorbereitete kleine Einlagen dem Gartenfest einen neuen, überraschenden Auftrieb zu geben.

Unzweckmäßige Insektenbekämpfung (A) erschwert das Aufkommen festlicher Hochstimmung. Ein leckeres Würstchen vom Grill verbindet das Angenehme mit dem Nützlichen (B).

Plötzliche Einbrüche eines Tiefausläufers sind für Ihre Gartenparty
keine Katastrophe, sofern Sie die Wohnräume Ihres Eigenheims
behaglich ausgestattet haben.

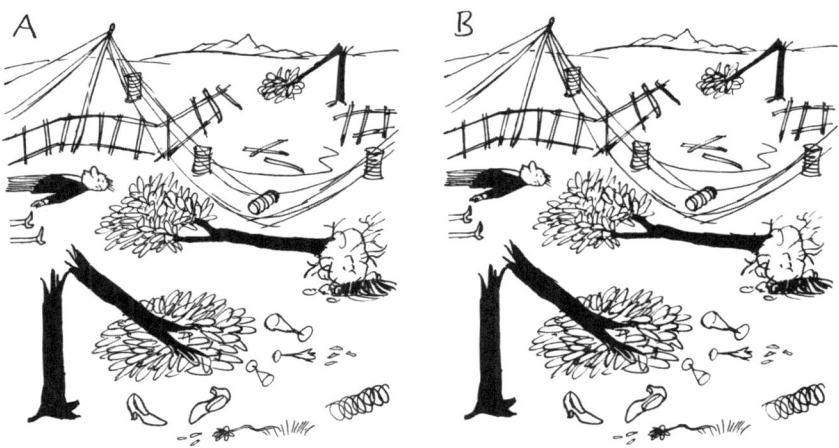

Die Folgen bedeutender Ereignisse sind oft schon am nächsten Morgen deutlich zu übersehen. Zum Vergleich: Links eine Kleinstadt Floridas nach dem Hurrikan ›Susi‹ im Jahre 1928; rechts ein Rosenheimer Villengrundstück nach geglückter Gartenparty.

ERDÖL AUF EIGENER SCHOLLE

Das abgebildete Rentnerpaar hatte Glück. Es stieß bei intensiver Nutzung seines Grundstücks in 980 Metern Tiefe auf Erdöl. Der tägliche Ertrag liegt heute schon zwischen 0,46 und 0,47 Liter. Das entspricht (nach geeigneter Verarbeitung) wahlweise 50 Metern Autofahren oder einem Teelöffel Delikatessmargarine.

Mangelnde Vorkenntnisse auf bohrungstechnischem Gebiet
hindern Herrn Siegmund F. seit Tagen an der Ausbeute eines
überraschenden Ölfundes.

Volle Befriedigung auf dem Gebiet der Erdölgewinnung
vermittelt die Ölraffinerie im eigenen Heim. Erst der deutliche
Anteil am wirtschaftlichen Aufschwung führt zum Genuss
privater Gemütlichkeit.

Diese beiden Abbildungen sind eindrucksvolle Beweise für die wachsende Bedeutung des Erdöls.

(A) Amateurbohrer Curd J. mit Gattin in ärmlichen Verhältnissen vor der Erschließung seines Kleingartens in Oberbayern. →

(B) Nach der Erschließung. Alle abgebildeten Gegenstände sind aus purem Gold (585 gestempelt).

PICKNICK IM FREIEN

Finden Sie zurück zur Natur! Ein bisschen Regen, eine
kleine Brise geben Ihnen allen Stubenhockern gegenüber ein
Gefühl der Überlegenheit. Und das unter dem Himmels-
zelt selbstbereitete Mahl verschafft Kraft und Jugendfrische.
Wer so naturverbunden lebt, wird garantiert sehr alt.

Im Auffinden romantischer Picknickplätze an einheimischen
Gewässern beweist W. C. Poppe unerreichten Spürsinn. →

Der naturhungrigen Familie eines Bremer Senators standen noch
auf dem abendlichen Heimweg die Spuren schwärmerischen
Kontaktes mit der idyllischen Umgebung deutlich im Gesicht.

Starke Durchnässung schmälert die Freude am Freiluftmenü.
Das patentierte Picknick-Plastik (›Popapipla-64‹) macht
unabhängig von der Witterung, ist ribbelfest, hautfreundlich,
antistatisch und gewährt ungehinderten Rundblick über
die Reize des ländlichen Lagerplatzes. In jeder Handtasche
unterzubringen.

Die gemeinsame Liebe zum deutschen Wald führt oft Menschen
zusammen, die sich bisher fremd gegenüberstanden. Die Teilnehmer
eines Picknicks in der Umgebung von Frankfurt/M. hatten
Gelegenheit, interessante Einblicke in die Aufgaben eines städtischen
Forstbeamten zu gewinnen.

Immer wieder herrscht Unklarheit über das korrekte Sitzen
bei den Mahlzeiten in Wald und Feld. Zur Veranschaulichung
die gegenwärtig üblichen Haltungen. →

A. HOCKSTELLUNG: Erfordert schnelles Essen, da eine frühzeitige Ermüdung der Kniegelenke zu befürchten ist.

B. Die zwar elegante, aber von vielen als ungesund empfundene BAUCHLAGE.

C. Die RÜCKENLAGE wird seit neuestem vernachlässigt, da sie den Anschein von Unmäßigkeit erweckt.

D. Diese Art hat sich allgemein durchgesetzt. Sie gilt als bequem und fein.

Wer sich im Wald wie zu Hause benimmt, beweist die Oberflächlichkeit seiner Kinderstube. Decken Sie daher mit schlichter Sorgfalt, der Würde Ihrer Umgebung angepasst.

Kein umständliches Vergraben von Abfällen! Eierschalen, Flaschen,
Papier etc. verbleiben an Ort und Stelle, um nachfolgende
Naturfreunde an Stunden natürlicher Entspannung zu erinnern
und zur Nachahmung anzuregen …
Merke: *Nur Hunde vergraben Speisereste!*

FÜR DEN FALL,
DASS SIE IM FREIEN
BADEN WOLLEN

Unvergessliche Stunden sommerlicher Gemeinsamkeit bietet
das Baden an idyllischen Ausflugszielen. Schon nach dem ersten
Kopfsprung (A) ist man ein anderer Mensch (B).

Der erschöpfte Großstädter findet nach Regenfällen häufig
die Möglichkeit zur nachhaltigen Erfrischung.
Merke: *Das Aus- oder Umkleiden auf Hauptstraßen ist während
des Berufsverkehrs nicht gern gesehen.*

Auch geübten Nichtschwimmern missfällt ein Bad in zwei Metern Tiefe (LINKS). Der Sportsfreund (RECHTS) springt einer harmlosen Abkühlung entgegen: Hier ist das Wasser nur knöcheltief.

Eilige Freibadanhänger können durch Bedienung schadhafter
Gasbadeöfen mit großer Geschwindigkeit in den Genuss des
erwünschten Bades im Freien gelangen.

LIEBE IM FREIEN

Trotz starker beruflicher Inanspruchnahme erscheint
die zwischenmenschliche Kontaktpflege niedersächsischer
Waldarbeiter ebenso zweckmäßig wie natürlich.

Besonders für Höhepunkte im Zusammenklang von Liebes-
und Naturleben gilt der Grundsatz: Aufhören, wenn es am
schönsten ist.

Die Erregung öffentlichen Ärgernisses durch Zärtlichkeiten
im Freien (A) kann ohne Aufgabe enger körperlicher Beziehungen
mühelos vermieden werden (B).

Die pflegeleichte Lebensgefährtin aus hautfreundlichem
Polyvinylchlorid bietet außer zeitgemäßem Liebesspiel (A) auch
andere Möglichkeiten naturnaher Freizeitgestaltung (B).

WETTERBERICHT

Wettervoraussage für die kommende Woche:
Atlantische Störung … →

… mit leichten Niederschlägen am Rande eines Tiefs, … →

… umlaufende Winde 1 bis 3, … →

… später auflockernde Bewölkung … →

… und Einbruch eines kräftigen Hochdruckkeils.

AUF DER JAGD

»Schlechter Jahrgang diesmal!«

»Kein Schwein im ganzen Revier …!«

»Zähes Luder!«

»In der Masse sind sie mir unangenehm …«

Die ersten Stunden des Jägerkurses beginnen mit Schieß-
übungen im eigenen Heim unter der Leitung von Fräulein
Kleinschmitt. →

Durch rasche Feuerstöße auf ein Jagdpanorama in natürlichen
Farben übt sich der Neuling im Umgang mit der Waffe.
Nach 400 bis 500 Schuss lässt sich beurteilen, ob ausreichende
Begabung vorhanden und eine weitere Ausbildung ratsam ist.

Gegenseitige Gewöhnung von frei lebendem Wild und zukünftigem Jäger ist die Voraussetzung für einen harmonischen Jagdgenuss. →

Das anfängliche Misstrauen einer Binger Hausfrau gegenüber einem älteren Hasen (A) wich nach kurzer waidmännischer Spezialunterweisung durch W. C. Poppe (B) einem ersten, vielversprechenden Kontakt (C).

Knapper Wildbestand wird bei genügender Kursbeteiligung durch Firmenangestellte angereichert (**A**). →

Das Verblasen der Strecke durch Fräulein Kleinschmitt
(PFEIL) gibt Gelegenheit zu einem Erinnerungsfoto an frohe
Treibjagd ohne scharfen Schuss (B).

FALSCH   RICHTIG

Das versehentliche Erlegen von Forstbeamten durch Neulinge
des Waidwerks gehört zu den Schnitzern, die zwar nicht gern
gesehen, doch entschuldbar sind. Während der Herr rechts im
Besitz eines gültigen Jagdscheins ist, hat der Herr links durch das
Fehlen desselben mit großen Unannehmlichkeiten zu rechnen.

Herren, die nicht genau wissen, worauf es bei der Jagd ankommt, sollten ihre Teilnahme absagen, auch wenn sie nachweislich große Erfolge haben.

Würdige Behandlung des ehemaligen Gegners ist ein echtes
Anliegen aller Freunde von Kimme und Korn. →

Der erfolgreiche Münchner Jungjäger Reiner Z. löste die
waidmännische Ausgestaltung seiner Zweizimmerwohnung
auf ebenso repräsentative (A) wie ritterliche Weise (B).

Aus Afrika stammt die Unsitte, sich nach der Jagd in einer für das Opfer entwürdigenden Weise fotografieren zu lassen. →

Vorbildlich verhält sich die oben abgebildete Jagdgesellschaft. Das Foto mit der gemeinsam erlegten Schnepfe (PFEIL) ist ebenso beeindruckend wie taktvoll.

FALSCH

Ganz kleine Tiere jagt der Waidmann von Welt nur im
vertrauten Bekanntenkreis. →

RICHTIG

Oder in völliger Abgeschiedenheit.

1

2

3

4

ZU PFERDE

105

Die Anfreundung zwischen Mensch und Pferd sollte aus
psychologischen Gründen nicht überstürzt werden. Im
Gewöhnungsstudio findet der zukünftige Reiter Gelegenheit,
sich schrittweise mit den Eigenarten des Pferdes und
seiner Beherrschung vertraut zu machen.

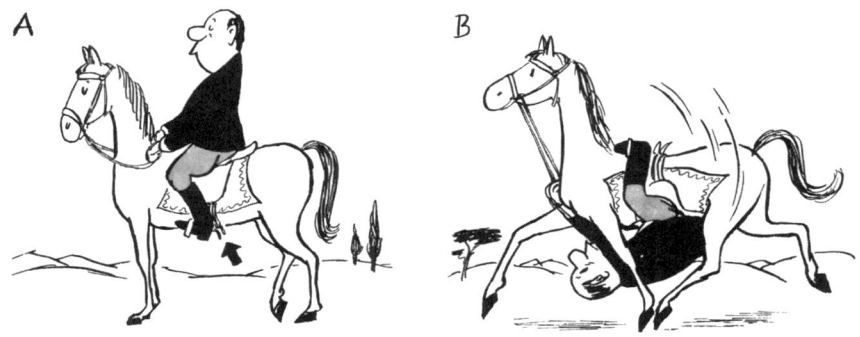

Bei sachkundigem Satteln edlen Pferdematerials (A) ist
der Sattelgurt (PFEIL) nur zart anzuziehen, um dem empfind-
lichen Tier in allen Gangarten die erwünschte Frische zu
erhalten (B).

Schulterhöhe und Geschwindigkeit arabischer Vollblüter lösen
bei Anfängern häufig eine unüberwindliche Abneigung gegen
den Reitsport aus. Hilfreich wäre für den Übergang eine Herde
kräftiger sibirischer Kleinstpferde, die auch dem Neuling schon
nach der zweiten Unterrichtsstunde ebenso unvergessliche
wie gefahrlose Ausritte in die weitere Umgebung ermöglichen.

Durchdacht aufgebauter Reitunterricht gewährleistet außer körperlicher und geistiger Straffung auch rasche Gewichtsverluste ohne schädliche Nebenwirkungen.
Die Abbildungen zeigen die gehobene Angestellte Christina G. vor und nach einem harten Geländeritt von zirka achteinhalb Stunden auf Hengst ›Hepplewhite‹.

Das Ziel der Ausbildung liegt neben körperlicher Ertüchtigung im engeren Verhältnis zum Tier und der Liebe zur Heimat. →

Beim Durchreiten einer Furt unter dem Kommando von
W. C. Poppe (PFEIL) kommen die fortgeschrittenen Kursteilnehmer in den vollen Genuss der Harmonie zwischen
Mensch, Pferd und Natur. Merke: *Das Glück dieser Erde liegt
auf dem Rücken der Pferde.*

A

Der ausgebildete Reiter gehört zur tonangebenden Schicht
der internationalen Gesellschaft. →

Ein Frankfurter Ehepaar, auf früheren Einladungen kaum
beachtet (A), bildet nach erfolgreicher Teilnahme an Reiter-
kursen den umworbenen Mittelpunkt eines exklusiven
Bekanntenkreises (B).

Nach bestandener Abschlussprüfung erhält jeder Kursteilnehmer
als sichtbare Würdigung seiner Leistung die goldene Trense
am Zügel. Die kleidsame Auszeichnung wird zum Abendanzug
getragen, ist gestempelt (585) und nachts sowie zum Essen
herausnehmbar. Das glatte Bestehen der Reiterprüfung wird auch
bei Fehlen jeder Begabung garantiert.

1

2

3

4

DIE MISSGLÜCKTE
LANDPARTIE

Von sanft rauschenden Baumwipfeln mit zwitschernden Vögeln,
von einem alten, ehrwürdigen Bauernhaus hatte ich geträumt und
fand einen Neubau, fand militärisch ausgerichtete Kohlköpfe und
qualmende Fabrikschornsteine am Horizont. →

Des Morgens ziehen die Bauersleute, ein frohes Lied auf den Lippen, zur Feldarbeit hinaus in Gottes liebliche Natur. Dachte ich, doch von Gesang keine Spur, aber dafür knatternde Motorräder, Benzingestank, Staubwolken. Das war also mein Landfriede! →

Kuhwarm, ein Glas schäumender Milch zum Frühstück,
wie herrlich, wie köstlich!
Doch wer beschreibt mein Erstaunen, eisgekühlte, pasteurisierte,
homogenisierte, mit Vitaminen angereicherte Vollmilch wurde
aus der städtischen Molkerei geliefert. →

Ich hatte mir immer gedacht, die Landbewohner seien stolz auf
ihre gesunde, durchblutete Haut, und war daher überrascht,
als ich die Bäuerin bei einem sorgfältigen Make-up überraschte.
Sie versteckte die roten Backen unter einer hellen Puderschicht. $\longrightarrow$

Wenn die Glocken zum Feierabend läuten, würde der Bauer
am Zaun stehen und nachdenklich in die untergehende Sonne
blicken, hatte ich mir vorgestellt. In Wirklichkeit saß er nebst
Frau am Fernsehgerät. Sehr beliebt sind ländlich-idyllische
Sendungen. →

Ganz besondere Freuden hatte ich mir von der Liebe auf dem
Lande versprochen. Man hört doch so viel Gutes davon.
Aber leider war das einzige Plätzchen, das sich für Liebesfreuden
geeignet hätte, für Campingtouristen reserviert. Ein schöner
Traum. →

Nur der Aberglaube hat sich, wie mir schien, auf dem Land
unverändert erhalten. Als nämlich ein Pferd Kolik bekam, brachte
man das irgendwie mit mir in Zusammenhang, bezichtigte
mich des bösen Blicks und leitete umständliche Maßnahmen
ein, die mich zu schneller Flucht veranlassten. Jetzt erhole ich
mich – zu Hause.

WEITERE BÄNDE DIESER REIHE

REISEN
MIT LORIOT

KOCHEN & GENIESSEN
MIT LORIOT

WOHNEN
MIT LORIOT

DURCHS JAHR
MIT LORIOT

WEIHNACHTEN
MIT LORIOT

SCHÖNER LEBEN
MIT LORIOT

KINDERFREUDEN
MIT LORIOT

DURCH DIE WOCHE
MIT LORIOT

FREIZEIT
MIT LORIOT